Andreas Skowronek

Bandsalat im Kopf

Coverfoto: Mercan Fröhlich
Porträtfoto (Backcover): Mercan Fröhlich
www.mercan-artphotographer.de

1. Auflage 2019
c Andreas Skowronek
Herstellung und Verlag:
BoD- Books on Demand, Norderstedt
ISBN 9783746047379

Diese Büchlein ist meiner Familie gewidmet, beson-
ders meinen Eltern Annemarie und Joachim
Skowronek und meiner Schwester Dr. Susanne
Skowronek, sowie meinen Patenkindern Lilian und
Paul.

Besonderer Dank gilt Mercan Fröhlich für das Cover-
foto und das Porträtfoto sowie meinem guten
Freund Ulrich Hierdeis für die technische Umsetzung
dieses Projektes.
Lektorat: Susanne Skowronek

Gespräche

Und jetzt können wir
inzwischen offen sprechen:
Du, im weisen Alter;
ich, endlich erwachsen.

Wir führen lange Gespräche,
wenn auch manchmal mit
kurzen Worten.

Nur eine Zigarette zwischendurch

Du inhalierst Kochsalz.
Mit einem Gerät, dass mich an Top Gun erinnert;
ich muss gestehen, ich habe diesen Film damals tat-
sächlich gesehen;
und die Vorstellung: Du als Kampfpilot, lässt mich
schmunzeln.
Ich gehe derweil hinunter in den Innenhof
und inhaliere Kondensat.
Und dann geht es weiter:
Du nimmst an meinem Leben teil
und ich an Deinem;
das geht angenehm langsam.
Wir wissen, dass wir uns nicht an Eloquenz übertref-
fen müssen,
dass wir kein intellektuelles Feuerwerk zünden müs-
sen
in unserer Unterhaltung – obwohl wir das beide
könnten -
Aber wir sind ruhig und zurückhaltend mit Worten
und halten uns zwischendurch an den Händen.
Und ein leichter Druck mit dem linken Zeigefinger
macht unser Gespräch tiefgründiger
als wir es mit Worten je schaffen würden.

Danach gehe ich wieder die Treppe hinunter,
in den Innenhof, zünde mir eine Zigarette an und
spaziere nach Hause, langsam, Schritt für Schritt.

Gedanken über die Eltern

Du sagst,
Du hast Heimweh nach Papa,
und dass ein großer Baum auf der Westseite
am Abend Schatten spendet, dem Grab;
„unser Grab" sagst Du,
wohl wissend, dass Du Papa
eines Tages nachfolgen wirst.
Nein, irgendwie jetzt schon
ein Zuhause, eine Anlaufstelle
für Dialoge und fürs Nachdenken,
für tiefe Gefühle,
immer noch, immer wieder.

Kann mich nicht erinnern,
jemals mit Papa alleine hier
gewesen zu sein, als es „nur"
das Grab der Großeltern war.
Wenn ich also jetzt
alleine auf den Friedhof gehe,
bin ich das erste Mal mit Papa
alleine beim Grab von Oma und Opa,
eine Premiere.

Und wir würden uns beide
nicht schämen, die Hand des anderen
zu halten, obwohl wir Männer
wären, erwachsene.

Ja, Du warst mein Vater,
mit all Deinen Fehlern.

Dennoch hat es letztlich genau gepasst…

Deine Hand in meiner…

Rasenmähen

Ich pflücke Gras.
Ich trinke Sonne, viel Sonne.
Ich esse den Geruch von Heu.

Ich tauche unter im Mittagsmahl,
und wieder auf bei den Gesprächen.

Körper und Geist.
Urlaub und Training.

Kopf-Salat

Bandsalat im Kopf
und keinen Bleistift zur Hand...
Kassetten-Karma.
Kindheitserinnerungen
fühlend.
Und doch immer wieder neu,
die gleiche Emotion.

Schriftstellerin

Sätze erkunden,
Geschichten finden,
Wörter zusammen zimmern.

Mit den Fingerspitzen
Gedanken erfinden
fabelhaft fabulieren,
für sich,
für andere.
Damit das Blatt
im Hirn raschelt
und beim Umblättern
Neugier auf das Ende
entsteht…

Impressionen

Über der Grenzlinie
zwischen ver-rückt
und genial schwebend
across the border
line dance und Paartanz
mit dem Publikum
schreiend summend
brachial flüsternd
und sanft singend
der Tanz auf der Lebens-
bühne.

Mickymaustrommel
aus der das Rot pochend
heraus quillt.

Der Raketenmann und das
Zwitschern des schrägen Vögelchens

Im Käfig?

Goldfolie

Ich kleide den
Kopf
mit
Goldfolie aus;
keine Strahlungen,
keine Gespenster, die
eindringen
können.
Die anwesenden Gedanken
spielen Katz und Maus,
aber die Maus beißt die Katze.
Daraufhin:
Hirnkater,
besoffen noch
von wegkriechenden Gedanken.

Heimkommen um 3.30 Uhr morgens

Ich muss aufpassen,
dass ich mich nicht
in meinen Anrufbeantworter
verliebe.
Manchmal weint er ein bisschen.
Manchmal lacht er.
Oft sagt er die schönsten Dinge.

Auf jeden Fall spricht er
mit Deiner Stimme.

An meine Tochter

Und ja, ich hätte
Schreinern gelernt,
um einmal eine Wiege zu
bauen für Dich, meine Tochter,
die Du nie geboren wurdest
und nie geboren werden wirst.
Ich hätte mich – wenn auch
schweren Herzens, aber mit vollem
Engagement - für Deine Musik,
für Deine Mode interessiert.
Ich hätte mich – so hoffe ich
jedenfalls – in Toleranz geübt
auch gegenüber den Jungs,
die Du kennen gelernt hättest.
(Zumindest wahrscheinlich
die meiste Zeit.)
Ich hätte mit Dir gestritten,
dass die Fetzen fliegen.
Unsere Streits werde ich
für immer vermissen,
genauso wie Dein erstes
Lächeln und Deine erste
Träne... Aber sei unbesorgt,
ich werde immer an Dich
denken.

Sterndeuter

...und suche auf
Deinem Rücken
das Sternbild Kassiopeia,
ein "W", das nicht
die Einleitung zu einer Frage,
sondern Antwort ist.
Ich segle auf dem Meer
von Haut und Wärme
mit einer Melodie im Ohr,
die irgendwo zwischen
New York und Tunesien bei Nacht
hin und her schwingt.

Des Morgens: Glanz
in grünen Augen.

Ammersee

Der Duft von Schiffen,
die im Herbst an Land gebracht
werden, liegt in der See-Luft.
Ruhig knistert das Laub: gelb, rot
und noch etwas grün. Urlaub
im Herzen und in den Beinen,
wenigstens für einen
Nachmittag.

Strand von Antalya

Steine vom Meer
ganz rund gewaschen
doch einige Ecken
bleiben für immer
auch wenn man sich
nicht mehr daran
stößt.

Auf Dich im dunklen Mantel

Du bist eine Glocke,
die einen Ton in mir
zum Klingen bringt, den ich schon
seit einem Dutzend Jahren
nicht mehr gehört habe.
Einen kräftigen, verführerischen Ton,
laut und gleichzeitig leise,
ein Ton, der Luft zum Atmen
freisetzt.
Musik fürs Leben.

Deine Hand

Ich überlege,
wie sich Deine Hand
jetzt wohl anfühlte, da
ich nicht mehr in Dich
verliebt bin. Sicher
immer noch rau und
weich zugleich, fest
und ehrlich.

Rio Bar

Wie aus einer
längst vergangnen Zeit
standst Du da, allein
mit Deinen blitzenden
Augen inmitten von
Menschen und doch
warst nur Du da.
Wärme, Wehmut und
ein Wohlbefinden,
das ich längst vergessen
hatte, überflutete mich
so, dass ich Mut und
Charme auspackte
und von Dir zurück
bekam.

Frühling

Das mit dem Frühling
und dem blauen Band
ist doch ein
alter Schmarrn.
Das Band ist entweder
blutrot oder zitronengelb,
auf jeden Fall ohne
Kompromisse und ohne
Blues. Freejazz unter
freiem Himmel,
laut und kraftvoll.

Ein kleiner Sommer

Dein Unterarm schenkt mir
Punkt für Punkt
einen kleinen Sommer.
Jedes Mal, wenn ich ihn
anschaue,
sprosst der Sonnenschein
aus Deinem Unterarm,
aus Deiner Haut,
aus Deinem Körper,
aus Dir.
Auch im tiefsten Herbst.

Blitze

Und der erste Kontakt:
die Augenblitze. Voll Leben,
ein Roman, ein Gedicht, ein Lexikon...
Stundenlang könnte ich darin lesen,
auch wenn ich weniger
als die Hälfte verstehe.
Und Narzissmus, Humor und
Ironie aus dem Herzen verschmelzen
zu einer Persönlichkeit, die ich sicher nie
ganz verstehen werde. Aber keine Lektüre
ist schöner als diese
Augen.

Kalte Hände

Das Wachs tropft
beim Abendessen
auf den Tisch,
kurz bevor die Kerze erlöscht.
Nach dem Abendessen tropft
meine Wärme
in Deine Hand
und nimmt die Kälte.
Zumindest ein bisschen.

Tunnel

Nein, es ist nicht nur
am Ende des Tunnels
Licht,
auch im Tunnel sind,
an den Wänden,
abwechselnd Fackeln und
Neon-Röhren,
LED-Streifen und Gas-
Laternen.
Und abunzu
verirrt sich sogar
ein Glühwürmchen.
Der Tunnel ist nicht:
Licht aus,
sondern irgendwo
zwischen
Dunkelheit
und Mittagssonne.
Weil Schatten
ist manchmal auch
prima.

Flugmeilen

Ich sammle mit Dir
Vielfliegermeilen,
denn Du hebst meine
Gefühle und meine
Gedanken über die
Lüfte und ich segele
durch die Wolken -
Gewitter- und Schäfchen -.

Du navigierst mich
durch Donner und Blitz
und lässt mich
kreisen wie einen
Segelflieger.
Anscheinend ziellos,
doch wie so oft
ist hier die Reise
das Ziel.

Sonne, Wolken,
Nebel, Gewitter,
Schnee, Föhn, Hagel;
klare Luft
und auch
dampfende, feuchtigkeits-
geschwängerte…

Das kleine Insekt
vor mir im Blick
genauso wie die
unendlich erscheinenden
Berge in der Ferne.

Du bist mein
Motor, mein Propeller,
meine Tragflächen -

meine Seele und
mein Geist haben
Flügel, dank Dir!

Herbst im Siebentischwald

Der Geruch von gefallenem
Eichenlaub
und der der leicht
modrigen Holzbank,
auf der ich sitze.
Die Altweiber-Oktober-
Sonne, die ab und
zu die Wolken verdrängt.
In Gedanken bei Dir.
Wunderbar heimelig.

Ausflug ins Paradies (in der Oberpfalz)

Freunde
nah
Gedichte und Musik
und ein Zwei-Wochen-Ausflug in zwei Tagen
Gespräche und Abenteuer
machten Tag und Nacht
des Feierns wert

Das Krähengesetz

Ich weiß, Krähe, Du
Machst Dir selber Angst.
Deine Kräfte sind unheimlich
und überaus mächtig und gut,
wenn Du sie lernst zu beherrschen.
Krächze!

Lächeln

Mein Vater ist tot.
Doch in Deinem Lächeln
erkenne ich das Lächeln
meines Vaters.
So ist in's „Neruda" kommen,
auch, wenn wir uns nicht oft sehen,
immer wieder wie
nach Hause kommen.

Hängende Himmel

Hängende Himmel,
beantworten keine Fragen,
Nicht die leisen
und nicht die,
die in meinem Hirn brüllen.
Die Aufregung über die „Welt da draußen"
scheint ein gekonntes Ablenkungsmanöver
von meiner inneren Welt, die ich erstens nicht verstehe
und zweitens nicht bis zum Grund erfühlen kann.
Wer will schon bis zum tiefsten (oder höchsten?)
Grund gehen?
Ob es gut tut, ist eine andere Frage,
aber ich will,
ich muss;
Getriebenheit bis zur Rettung,
die aller Wahrscheinlichkeit nach keine ist.
Zerrissene Gedanken mit Gefühlsfetzen durchwirkt:
Misstrauen gegenüber anderen wäre nicht schlimm,
aber jeden eigenen Gedanken, jedes eigene Gefühl
hinterfragen…
Wie fühlt es sich wohl an, dies NICHT zu machen…?

Wenn der Herbst blüht

Wenn der Herbst blüht,
und die Astgerippe wichtiger
sind als Blätter und Grün,
dann ist das auch meine Zeit.

Der Bläue der Seele nachspüren,

wie im Sommer dem Rot.

Schnee

Endlich Schnee -
und ich stecke den Kopf
in den selbigen.
Wenigstens
das Gefühl
eines klaren Kopfes.
Und kriege gleichzeitig
nichts mit von der Welt
dort draußen -
und von dem Chaos
hier drinnen.

Und draußen der Wind

Und draußen der Wind
kämpft sich in mein Hirn
durch den Zigarettengeschmack,
leichter als Vakuum,
Hemd und Hose schützen
nicht vor der Nacktheit
des Denkens,
unbeschützt,
ungeschützt,
einzig die Haarwurzeln
spüren
Körperlichkeit,
welch wohliges Wehen,
zerbrechlich der
Augenblick,
durch Hirnknirschen
zerbrochen.

Glück im Spiel

Gott, dieser Schummler,
steckte mir beim Pokerspiel
Drillinge zu.
Auf meiner Weltallplantage
erntete ich von nun an
junge, fliegende Sterne,
die versuchten
von Ast zu Ast
zu scheinen.
Mein Herz,
dieser nimmermüde Muskel
war ab da weit
und Kraft gebärend.

Im Japanischen Garten

Das Rauschen der flinken Wasserfälle
nervt mich auf angenehmste Weise.
Das Rauschen in meinem Kopf
höre ich nur noch ganz leise.
Auch mein Bauch wogt sich
wieder zu einem glatten See.
Steine werden wieder Wellen schlagen,
doch das ist okay.

Der Sturm ist nicht gekommen
- bin ihm davon-geschwommen.

Streben nach Glück

Seine Freunde
freuten sich
als er den Berg
der Fröhlichkeit
erklomm.
Wie ein zärtliches Kind
im Kolonialwarenladen
mit unbekannt schönem
rosa Fernglas
verbrachte er
Stunden
voll Jugend-
stil im Triptychon
Geist, Gefühl, Gestalt.

In der Frühe des
nächsten Morgens
war er daheim
auf der Hauptstraße
des Lebens
und konzentrierte sich
auf den schwierigen
Vorgang des
Linksabbiegens
mit einem Lächeln
im Gesicht.

Fuck

wertzuwachsgewinne
bei bester kapitaloptimierung
kreisen kosmisch
um wirtschaftsmarktspezialisten
karmakonzentrierte
marketingberatungspsychologen
kommen kaltlächelnd nach
aber
astralbusinessbanker
gaffen geil und gläubig
gen geldgebers golem
der da sagt:
fuck yourself
and make kids

Depressionsfängerchen

Wissen und Emotionen
begraben in Depressionen…
und doch kommen
immer wieder die grünen
Grasspitzen -
unabhängig vom
Tablettendünger.

Und meine Liebe liebt
die "Normal"-Situation;
und meine Liebe liebt
die Depression,
weil:
Meine Liebe liebt
Dich.

Farben-Grund

Du borgst Dir
fieberhaftes Dottergelb
von den Zitronenbäckern.

Reifes Tomatenrot
quillt glutgleich
aus Deinen Borsten.

Mit Limbo-Lippen,
die fünf Gelenke
mehr haben,
schüttelst Du
Beerenblau.

Texte und Töne

Denk ich an Heine in der Nacht,
weiß ich, wir haben viel gelacht.
Wir haben geprobt und gestritten,
voll Energie. Und voll inmitten
von Gedanken und Emotionen
hab'n wir gearbeitet ohne uns zu schonen.
Du warst der Initiator, die Anfangskraft.
Zusammen haben wir viel geschafft.
Jazz und Lyrik, unsere Passion
ergab zusammen nen ganz eig'nen Ton.
Bin ich fröhlich nun aufgewacht,
hab ich nachts an Heine wohl gedacht.

Film

Und die Kamera ist mein Auge.
Und mein Auge ist die Kamera.
Und ich bin die Kamera.
Und ich bin das Auge.
Und ich berühre die Bewegung der Tänzerin
mit meinem Auge.
Und der Tanz berührt mich
tief in meinem Auge,
tief in meinem Kopf,
tief in meinem Herzen,
tief in meinen Lenden.
Und die Kamera läuft weiter,
auch wenn der Film zu Ende ist.

Nervenklinik

Auf Zehenspitzen,
doch der Kopf
berührt trotzdem
den Boden.

Starr – gerade
noch eine Seitwärts-
bewegung der Füße
ist möglich.
Wie ein Roboter –
nur in eine Richtung.

Regression in den
Mutterleib. Ein gekrümmter
Embryo, am Boden liegend,
schluchzend.

Kognitive Verhaltenstherapie retard

Wenn nichts mehr
zwischen die grauen Zellen
passt,
so dass die Gedanken klemmen,
hilft es,
Sauerstoff zu schlürfen
und die roten Zellen zu aktivieren
und diesen zentralen Muskel ganz weit
zu machen für gefühlstrottelige
Empfindungen,
die mich meine Lebendigkeit
mehr spüren lassen,
als alle Weine und Zigarettengeschmack der Welt
zusammen.

Schweizer Käse

1 manchmal komme ich mir vor
 wie schweizer käse:
 löcher mit geschmack

2 doch der geschmack
 zählt

Kärnten

G'hackerts und
Apfelmost, über
den Magen zur Seele.
Am See: spielende
Kinder, sonst nichts.
Ein Hotel, das
in den 60er Jahren
stehen geblieben ist,
ein Wirt, der, auf
wundersame Weise, weiß,
wer was und wie viel
getrunken hat.
Gitarren am Abend.
Und wandern.
Und tausende von
Keyboards.
Und irgendwann
aufgeben zu sagen,
dass ich nicht
der Sohn bin.

Rumpelstilzchen ist fett geworden…

Rumpelstilzchen ist fett geworden…,
aber sein Bart ist immer noch rotgrau und wusche-
lig.
Nein, eigentlich war es schon immer
ein bisschen mobbelig, wenn man die Kinder- und
Jugendfotos so der Reihe nach betrachtet.
Und von wegen „der Königin ihr Kind holen" und
womöglich wirklich „morgen", alles Quatsch…
Es quengelt selber wie ein kleines Kind, das aller-
dings
unaufhörlich, und wenn es gewichtsmäßig tatsäch-
lich
noch könnte, würde es nach wie vor ständig auf
einem
Bein hüpfen, Bein *ausreißen* lassen wir mal außen
vor…
Aber so: ich bin müde über es zu lächeln, denn:
es nervt so sehr, dass es wirklich meine Lebensqua-
lität
beeinträchtigt...

Musik muss atmen

Ich sitz in Deiner Küche in einer Wolke Rauch.
Ich sinniere übers Leben und Du machst das auch.
Tausend Augenblicke, die wertvoll sind wie Gold
und allen Leuten sagen: „Macht doch, was Ihr wollt!"
Wein und Musik tragen uns weit weg.
Musik muss atmen, sonst hat sie keinen Zweck.
Laut und leise, langsam und schnell,
muss Musik sein, dunkel und hell.

Kreuzworträtsel oder:
Noch eine Zigarette

Rauchende Köpfe,
qualmende Münder,
Gefühls- und
Gedankendunst:
Angst und
gebratene Fleischschnitten
schaffen eine Art Solidarität,
seltsam und komisch,
im Mikrokosmos,
der einen auf das Hirn
klapst.

Nicht greifbar

Du flutschst
durch die
SMS-tippenden
Finger.
Gefühlt gestern noch
machst Du
die schönsten
Freundschafts-
komplimente.
Und heute
verschwindest Du
wie schale Luft.

II

Gedichte auf Englisch

Poems in English

To Define Colors No.1

This morning
I receive a letter from you
And not the sun.
The windows are open.
The air has the smell of snow,
Stinging in nostrils
As the wind lifts it from the beach.
I am thinking of the Alps
Where we began somehow.

To find out the temperature
You tossed a cup of rainwater into the air.
You said:
"Our sky is green and there is no book
to tell us what it means."

This morning with a cold blue flame
Burning down our tree's green,
I explore the nature of rain.
The wine of our red
gets watered-down
Until it is gone.

To Define Colors No.2

56

I am color blind.
My favorite color
Is red.
The yellow highlighter
Leads me
Through the letter-traffic.
It temporarily
Releases from the pain
Of not knowing anything....
I eat a kiwi
That tastes like
Unripe toothpaste.
I am color blind.
My favorite color
Is green.

I want to go
To Redland.

Fearless

Last Saturday evening
I was walking
Towards the sun
In Woodland Cemetery.
At six thirty
A five-foot-three angel
Was still painted
With golden light.

I concentrated on the black
Huge stone cross
To avoid
Sentimentality.

The dead were whispering
In wild tranquility.
Mature olive-green voices
Were growing out of their tombs.

I left the burial ground,
Alive.

Curtain

The curtain
opens and closes.

A curtain of your blonde hair
falls in front of me
It divides me

into strips and scenes.

From time to time there is
a sudden break.
The curtain lifts.
I awake.

Butterfly or A GerMan in America

first night in New York City
initiation at the Met
Madame Butterflies
to me and touches me:
my feet, my soul
so that I do not
feel tired anymore
(so that I can
stand SRO tickets again)
so that I do not
recognize the pain
(in my feet)
anymore
and her heart becomes my heart
and her pain becomes my pain
and I become Madame Butterfly
and I guess T. S. is Pinkerton

I do not really cry;
this single tear in my eye
weighs more
than any of the tears I have shed before
because of the cultural tie
between her and me:
her Butterfly

Buddha has toilet paper in his nose

Buddha has toilet paper in his nose.
And the rain smells
through the window with
vaginal energy.
My thoughts are
stretching as my
limbs are.
And my sweat tastes
like rain. And the rain
tastes like female sweat.
As I go outside
I see the streetcar
passing by and
think, she will
soon give birth
to a lot of bald-headed,
almost meditating
cool men,
having to go to
the restroom.

Party

Big blond babyboobs
serve – at least after
a certain amount of time –
wine and beer.
The music makes me
feel like Elvis the Pelvis
and
I enjoy also
your not professional
dancing.
And it is a great
Time during hard times.
Life as it should be.
And the giraffe is still
stomping when we leave.

In my dreams

In my dreams
you wear a wedding gown.
It's strange,
because you are not my lover.
But obviously we spent
our time together
in our old days.
So we are happy and are
growing vegetables
in our garden.
And they taste
fantastic.
So good, that
we do not
have a quarrel about it.
And we find our loves easily.

Museum Brandhorst

Taking pictures
of our children
screaming in the museum.
How German can
you be compared
to the gorgeous
Italian lady explaining
to her son

the pictures.

Inhalt: